TIME FOR KIDS

HABLEMOS CLARO

Alcohol y drogas

Stephanie Paris

Consultores

Timothy Rasinski, Ph.D.
Kent State University

Lori Oczkus
Consultora de alfabetización

Dana Lambrose, M.S.N., PMHNP
West Coast University

Basado en textos extraídos de *TIME For Kids*. *TIME For Kids* y el logotipo de *TIME For Kids* son marcas registradas de TIME Inc. Utilizados bajo licencia.

Créditos de publicación

Dona Herweck Rice, *Jefa de redacción*
Conni Medina, *Directora editorial*
Lee Aucoin, *Directora creativa*
Jamey Acosta, *Editora principal*
Lexa Hoang, *Diseñadora*
Stephanie Reid, *Editora de fotografía*
Rachelle Cracchiolo, *M.S.Ed., Editora comercial*

Créditos de imágenes: págs. 8–9, 14 Alamy; pág. 38 Corbis; pág. 11 FDA; pág. 27 (medio) DeAgostini/Getty Images; pág. 13 (arriba) iStockphoto; pág. 23 The Library of Congress [LC-USZ62-123257]; págs. 20–21, 25, 30–31 Timothy J. Bradley; todas las demás imágenes de Shutterstock.

Teacher Created Materials
5301 Oceanus Drive
Huntington Beach, CA 92649-1030
http://www.tcmpub.com

ISBN 978-1-4333-7092-2

Tabla de contenido

¿Qué son las drogas?

La gente habla mucho sobre las drogas. Pero lo que dicen puede no tener sentido. Es posible que escuches que hubo una redada por drogas. O puedes oír que alguien tiene problemas con las drogas. Pero también hay una farmacia donde se venden drogas en la esquina. Es posible que oigas acerca de personas que están en **rehabilitación** porque son **adictas** a las drogas. Pero quizá conozcas a alguien que necesita tomar drogas para mantenerse con vida. ¿Cómo es posible que todos hablen de la misma cosa?

Algunas drogas son legales y algunas son ilegales. Algunas drogas son medicamentos que pueden ser beneficiosos para tu cuerpo. Se pueden usar para tratar enfermedades. Otras solo causan daños. Por eso, cuando las personas hablan acerca de las drogas, es posible que estén hablando acerca de muchas cosas diferentes.

Una droga es cualquier sustancia, diferente a los alimentos o al agua, que cambia la manera en la que tu cuerpo o tu mente funciona.

1 ¿Qué dudas tienes acerca de las drogas?
2 ¿Por qué crees que para algunas personas es difícil hablar sobre las drogas?
3 ¿De qué manera puedes hacer elecciones saludables para tu cuerpo?

Adicción

Una palabra que surge muy a menudo cuando se habla sobre las drogas es **adicción**. Ser adicto a algo significa que es realmente difícil dejar de consumirlo. El cuerpo y el cerebro de una persona son engañados, y creen que la droga es necesaria para sentirse bien. Es posible que los **adictos** entiendan que algo les está haciendo daño. Pero aún así sienten que no pueden dejar de hacerlo. La adicción es muy complicada. Y no es algo que pueda enfrentarse sin ayuda.

Proceso de abandono

Si alguien deja de consumir drogas, puede sentirse muy mal. Pueden pasar semanas antes de que las drogas desaparezcan completamente del cuerpo. Alguien que deja de consumir drogas puede vomitar, temblar o sudar mucho durante el **proceso de abandono**. El proceso de abandono implica una reacción física y emocional. Perdura hasta que la persona se acostumbra nuevamente a no tener la droga.

DETENER el CICLO

Las drogas son sustancias químicas. Cambian la manera en la que el cerebro funciona normalmente. Con el transcurso del tiempo, las personas pueden desarrollar una **tolerancia** a las drogas. Descubren que necesitan consumir más y más para poder sentirse de la misma manera.

SIGNOS de ADICCIÓN

Los adictos pueden comportarse de modos diferentes. Estos son algunos de los signos de la adicción.

- perder más y más tiempo y energía en conseguir y consumir la droga
- hacer cosas que generalmente no haces (como robar) para obtener la droga
- sentir que necesitas la droga para lidiar con tus problemas

“La continuidad del hábito generalmente es muy insignificante para ser detectada, hasta que es demasiado fuerte para terminar con ella.”

—Samuel Johnson, poeta

tener a disposición una cantidad adicional de la droga
gastar dinero que no tienes en la droga
fallar en el intento de dejar de consumir la droga
creer que necesitas consumir la droga regularmente

Tipos de drogas

Hay muchos tipos de drogas. Pueden dividirse en grupos según el modo en que se usan, la forma en que vienen y los efectos que causan.

Drogas de venta bajo receta

Una **receta** es una nota de un médico que dice que alguien necesita un medicamento específico. Los médicos necesitan conocer la edad y el peso del paciente cuando escriben las recetas. También necesitan saber si el paciente está consumiendo otras drogas. Esto se debe a que muchas drogas **interactúan** de maneras negativas. Una droga que es segura por sí sola puede ser peligrosa si hay otra droga en el cuerpo. Los medicamentos se ajustan a los pacientes y a sus necesidades actuales. Es importante consumir la cantidad adecuada y seguir las instrucciones. Si hay algún problema, el médico necesita ser informado.

LEER una RECETA

Rx proviene de la palabra latina *recipere* o *recipe*, que significa "sírvase". Las recetas solían ser fórmulas que indicaban al farmacéutico qué cantidad de cada medicamento incluir.

APROBACIÓN TOTAL

Cada droga de venta bajo receta atraviesa un largo proceso antes de ser aprobada. En los Estados Unidos, la Administración de Drogas y Alimentos (*FDA*) está a cargo de supervisar esto. Se asegura de que las drogas de venta bajo receta sean seguras cuando se las utiliza según las indicaciones.

Abuso de las recetas

A veces las personas **abusan** de las drogas cuando las consumen de manera diferente a la indicada en la receta. Es probable que piensen que las drogas de venta bajo receta son seguras porque las indicó un médico. Las personas pueden consumir demasiada cantidad del medicamento. O pueden consumir drogas que fueron recetadas para otras personas. ¡Esto es muy peligroso! Cada receta es diferente y tiene sus propios riesgos. Muchas pueden enfermarte si consumes demasiada cantidad. Algunas pueden ser peligrosas si se las consume con alcohol o mezcladas con otras cosas. Algunas pueden matarte. Solo en el 2008, se produjeron 20,044 muertes a causa de consumir drogas de venta bajo receta en cantidades mayores a la **dosis** recetada.

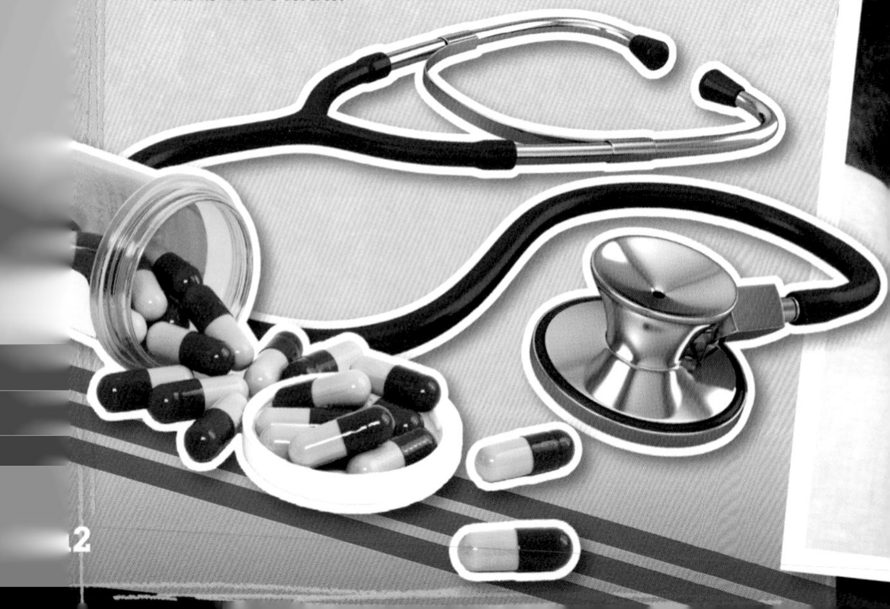

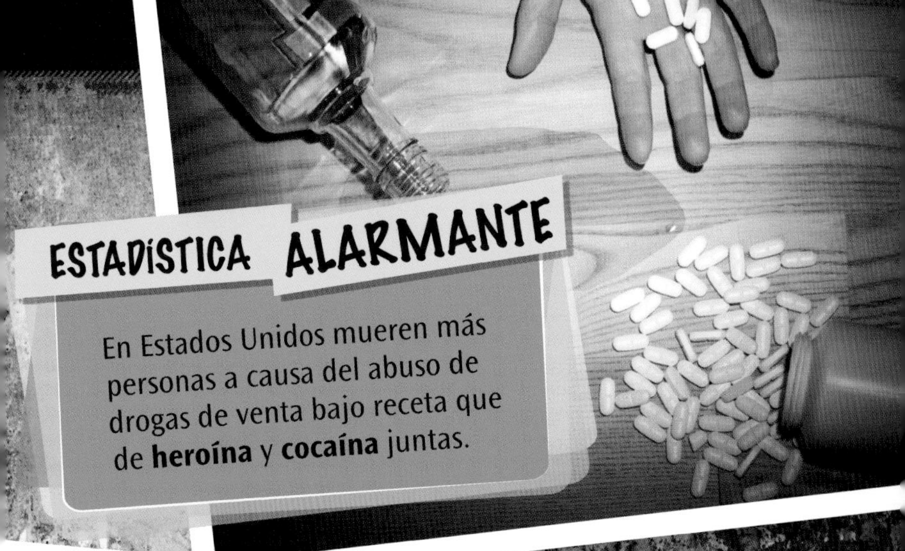

ESTADÍSTICA ALARMANTE

En Estados Unidos mueren más personas a causa del abuso de drogas de venta bajo receta que de **heroína** y **cocaína** juntas.

INDICACIONES DEL MÉDICO

Es importante que conozcas tu cuerpo pero, recuerda, solo un médico debe aconsejarte acerca de qué drogas tomar. La **automedicación** con drogas de venta bajo receta es peligrosa.

Advertencia

La mayoría de los medicamentos vienen con una hoja de papel. Puede parecer pequeño, pero desplegada se convierte en una larga hoja llena de letras pequeñas. Este panfleto indica todos los efectos secundarios y posibles problemas que pueden producirse con la droga. La mayoría de los medicamentos son seguros si se los consume según las indicaciones. Pero si se los consume de otra manera, pueden causar problemas.

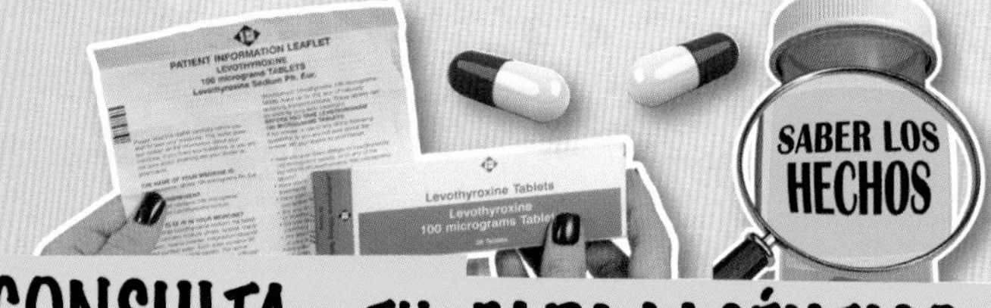

CONSULTA a TU FARMACÉUTICO

Los farmacéuticos están especialmente capacitados para dispensar medicamentos recetados a los pacientes. También pueden explicar las indicaciones de los médicos y los posibles efectos secundarios para que los medicamentos puedan consumirse de manera segura y efectiva. No dudes en consultar a tu farmacéutico si tienes alguna pregunta relacionada con tu receta.

¿Crees que solo un cierto tipo de persona se convierte en un adicto? Piensa de nuevo. La adicción puede afectar a cualquier persona, independientemente de la edad, el sexo, el origen étnico, la inteligencia o la clase social.

NARCÓTICOS

Los analgésicos **narcóticos** son las drogas de venta bajo receta de las que más se abusa. También se encuentran entre las más mortales. Algunas personas se sienten relajadas y felices cuando las consumen. Por eso, es posible que las consuman cuando no las necesitan. Los narcóticos están hechos de la misma planta que la heroína. ¡Son muy adictivos! Cuando se abusa de ellos, pueden hacer que las personas dejen de respirar. Si se los consume con alcohol o con otras drogas, los riesgos incluso son mayores.

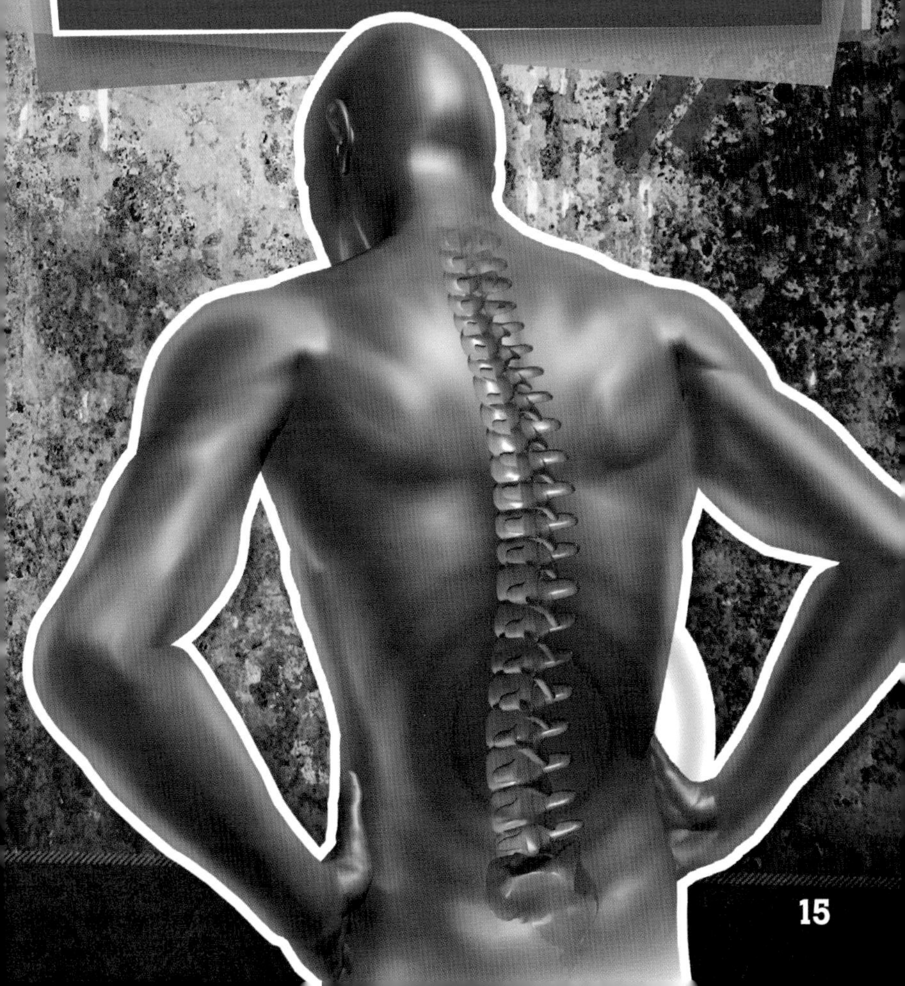

Drogas ilegales

Las **drogas ilegales** son aquellas que las leyes no permiten consumir ni vender. La cocaína, la heroína, el LSD, la metanfetamina y el éxtasis son ilegales. La marihuana es ilegal en la mayor parte del mundo. Pero en algunos lugares se les permite a los médicos que la receten a los adultos con ciertas enfermedades, como el cáncer.

Una de las razones por las que estas drogas son ilegales es porque pueden ser peligrosas. Pueden dañar tu corazón, tus pulmones y tu **sistema nervioso**. Y cuando las personas consumen estas drogas, no toman buenas decisiones. Les resulta difícil pensar con claridad. Incluso pueden optar por hacer cosas peligrosas que pueden provocarles daños a ellas o a otras personas.

planta de marihuana

La PRIMERA DROGA ILEGAL

En 1875, San Francisco aprobó la primera ley antidroga. Esto se llevó a cabo para luchar contra el problema de la adicción al opio. El opio es el principal ingrediente de la heroína.

ALTIBAJOS

Una de las maneras en las que se agrupan las drogas es por los efectos que producen y por cómo hacen sentir a las personas.

Depresivos

Hacen que las personas estén menos alerta. Disminuyen la actividad cerebral. El alcohol es un **depresivo**.

Estimulantes

Hacen que las personas se sientan más enérgicas. La cafeína es un **estimulante** legal. La metanfetamina es ilegal.

Alucinógenos

Estas drogas hacen que las personas vean u oigan cosas que no existen. El LSD y algunos hongos son **alucinógenos**.

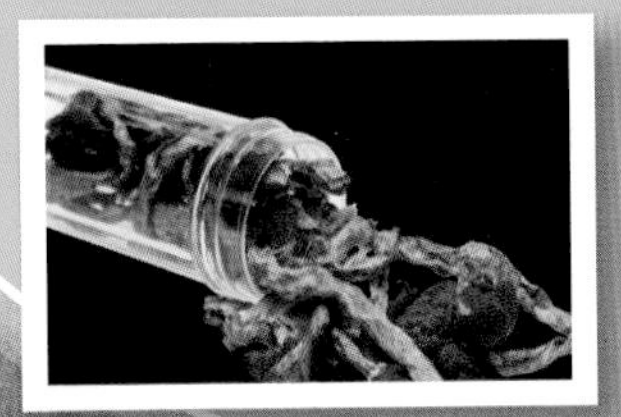

Narcóticos

Estas drogas adormecen los sentidos de las personas y disminuyen el dolor. También pueden hacer que las personas estén somnolientas. Los calmantes de venta bajo receta, como Oxycontin, son narcóticos legales. Otros, como la heroína, son ilegales.

Costos altos

Tener una **sobredosis** significa consumir tanta cantidad de una droga que podría causar la muerte. En el caso de las drogas ilegales, la cantidad que produce una sobredosis varía. Los fabricantes de drogas de venta bajo receta tienen normas muy estrictas para garantizar que cada dosis tenga una cantidad exacta de droga. Los fabricantes de drogas ilegales no siguen ninguna norma. Debido a esto, es difícil saber de qué modo una droga afectará a cada persona. Una vez, la droga puede ser leve. La próxima vez, puede ser fuerte. De hecho, podría ser tan fuerte que una sola dosis podría provocar una sobredosis.

COCAÍNA

La cocaína es un estimulante. Puede hacer que las personas se sientan muy enérgicas, como si pudiesen hacer cualquier cosa. Pero, eso solo se produce cuando se encuentran bajo el efecto de la droga. Más tarde, pueden sentirse tristes y asustadas. La cocaína es muy adictiva. Y, tiene otro problema. Puede provocar ataques cardíacos, incluso en niños y adolescentes.

JERGA DE LAS DROGAS

Muchas drogas tienen varios nombres. A veces, la gente intenta que los nombres suenen bien o tenga onda. La cocaína puede ser llamada *saque*, *roca* o incluso *dulce para la nariz*. Las personas que venden y consumen las drogas quieren que suenen divertidas y tentadoras.

ANATOMÍA de una SOBREDOSIS

Consumir mucha cantidad de cualquier droga, incluso de una droga que normalmente es segura, puede provocar una sobredosis peligrosa. Estos son los síntomas que hay que tener en cuenta.

dificultad para moverse

estados de ánimo extraños

sudoración

Tener en cuenta: Siempre es mejor llamar al 911 de inmediato si crees que alguien está sufriendo una sobredosis o una intoxicación de alcohol.

No tengas miedo de meterte en problemas. Te sentirás peor si alguien muere.

El PELIGRO de BEBER

Beber demasiada cantidad de alcohol puede producir una intoxicación alcohólica. Los síntomas son similares a los de una sobredosis y pueden ser igualmente mortales.

vómitos

mareos

dificultad para ver

piel amarillenta o azulada

desmayarse

molestias en el estómago

falta de apetito

Alcohol

El alcohol es una droga legal. Es un producto químico que se forma cuando se **fermentan** azúcares naturales. La cerveza y el vino tienen un poco de alcohol. Las bebidas como el vodka, el gin, el whisky y el tequila tienen más. Ninguna de estas bebidas es segura para los niños. Esto se debe a que los cuerpos de los niños aún están creciendo. Los adultos pueden elegir beber alcohol. Pero demasiada cantidad no es buena para nadie. Los **alcohólicos** son personas adictas al alcohol.

LEY SECA

El alcohol una vez fue ilegal en los Estados Unidos. En enero de 1920, se aprobó la Enmienda XVIII a la Constitución. Esta ley hacía que fuera ilegal vender o transportar bebidas alcohólicas en los Estados Unidos. Este período de tiempo fue conocido como **Ley Seca** porque las personas tenían prohibido, o se les impedía, obtener alcohol.

Partidarios de la Ley Seca desechan alcohol mientras la policía observa.

La ENMIENDA XXI

Tan solo 13 años después de que comenzara la Ley Seca, Estados Unidos aprobó una ley nueva. La Enmienda XXI terminó con la Ley Seca.

¡MÁS EN PROFUNDIDAD!

EDADES LEGALES PARA BEBER ALREDEDOR del MUNDO

En los Estados Unidos, las personas pueden beber alcohol luego de cumplir los 21 años. En otros países, la edad legal para beber es menor. Pero, para las personas que comienzan a beber cuando tienen 15 años, las posibilidades de convertirse en alcohólicas son 4 veces mayores a las de las personas que no beben hasta los 21 años. Cuanto más temprano empiezan las personas a beber, más posibilidades tienen de convertirse en adictas en un futuro.

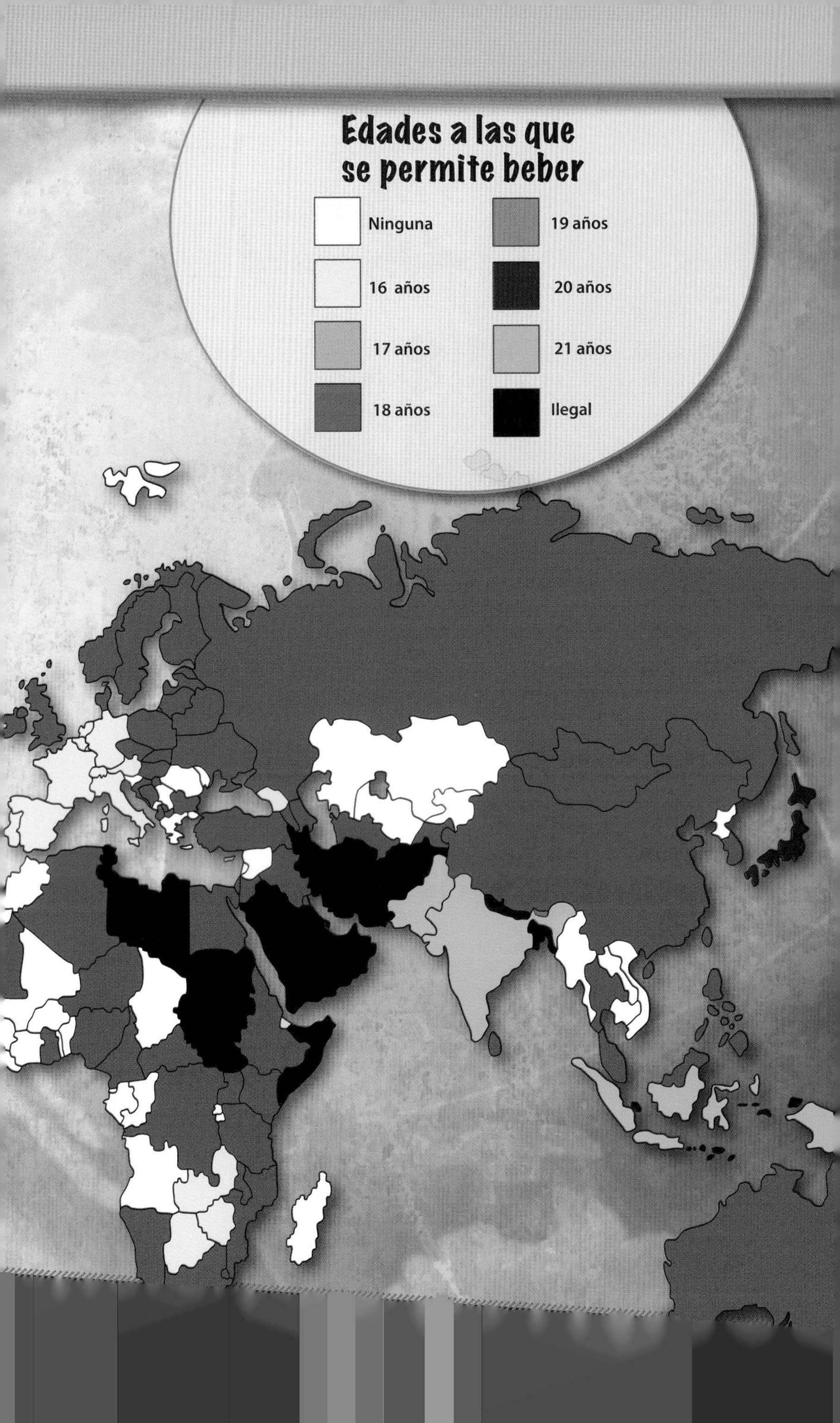

Edades a las que se permite beber
Ninguna
16 años
17 años
18 años
19 años
20 años
21 años
Ilegal

El alcohol y el cuerpo

El alcohol es un depresivo. Por eso, disminuye la actividad del sistema nervioso. Dificulta la posibilidad de mantener el control y de tomar buenas decisiones. El alcohol hace que las personas actúen y piensen de manera diferente a la que lo harían normalmente. Pueden hacer el ridículo y estar felices en un momento. Pero, un rato después, pueden estar tristes o enojadas. Pueden tener problemas para caminar o hablar. Y pueden hacer cosas de las que luego se lamentan.

Demasiada cantidad de alcohol es tóxica. Puede descomponer tanto a las personas que las hace vomitar o **desmayarse**. O las puede matar. Además, el alcohol puede dañar los cuerpos de las personas con el paso del tiempo. Puede provocar daños en el corazón y en los nervios. Y el alcohol es extremadamente malo para el hígado, que elimina las sustancias tóxicas.

La policía puede poner a prueba a alguien si sospecha que ha estado bebiendo y pedirle que realice pruebas físicas.

PRIMER ALCOHOL

La primera bebida alcohólica que se conoce data del año 7,000 a. C. en China. Era una mezcla de arroz fermentado, miel y frutos del espino o uvas.

CERVEZA EGIPCIA ANTIGUA

En el antiguo Egipto, las personas bebían cerveza dulce hecha del pan. No tenía demasiada cantidad de alcohol. Y era tan espesa que las personas necesitaban usar un sorbete especial para beberla.

MANTENERSE SALUDABLE

Muchos historiadores creen que la mayor parte del agua dulce del mundo antiguo tenía tantos gérmenes que enfermaría a las personas. El alcohol mata a los gérmenes. Por eso, en la antigüedad, ¡beber vino o cerveza (con solo un poco de alcohol) pudo haber sido más seguro que beber agua!

Cómo manejarlo

Ya debe estar claro que abusar de las drogas y del alcohol es muy peligroso. Entonces, ¿por qué la gente lo hace? ¿Qué puedes decir si alguien te presiona? ¿Qué otras cosas puedes hacer para divertirte? ¿Y qué deberías hacer si alguien que conoces necesita ayuda?

Por qué las personas consumen drogas

A veces, a las personas les gusta cómo las hacen sentir las drogas. Es posible que las personas que se sienten tristes o molestas esperen que las drogas les permitan escapar de esos sentimientos durante un rato. Pero las drogas no resuelven los problemas. De hecho, generalmente provocan muchos más problemas. Y los sentimientos feos vuelven cuando las drogas se acaban.

Presión de los pares

A veces, las personas intentan consumir alcohol u otras drogas porque quieren impresionar a sus amigos. Es probable que piensen que los hace verse con más onda. Tal vez veas personas en las películas que consumen drogas. Es probable que los chicos populares hablen sobre el alcohol o las drogas. Puede parecer que todos lo hacen. Pero eso NO es verdad.

Solo una de cada seis personas de los Estados Unidos que necesita tratamiento para las drogas lo obtiene.

RECONOCER LA PRESIÓN DE LOS PARES
La presión de los pares se manifiesta de muchas maneras. Reconocerla es el primer paso para resistir a la presión de los pares.
Presión sin palabras
Razonamiento
"Solo un poco no hará daño".
Beer

¡ALTO!
PIENSA...
¿Cómo te sientes cuando alguien trata de presionarte para hacer algo?
¿Qué tipo de presión crees que es la más difícil de reconocer?
¿Cuáles son algunas de las formas de manejar la presión de los pares?
Rechazo
"Si no pruebas me voy".
Desprecios
"No seas perdedor. Simplemente pruébala".

Decir "no"

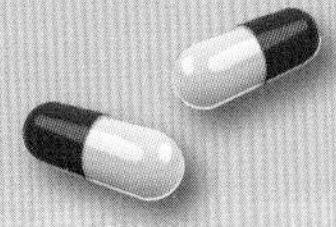

A veces, las personas tienen miedo de que al negarse a beber o a consumir drogas queden mal enfrente de sus amigos. Pero los verdaderos amigos no querrán que hagas algo que te hace sentir incómodo. Ellos entenderán. Sin embargo, es bueno tener algunas ideas acerca de qué podrías decir si alguien te ofrece drogas o alcohol.

CON TUS PROPIAS PALABRAS

Estas son frases que han sido útiles para otras personas.

- No, gracias.
- No, no ando en eso.
- No, amigo. Estoy bien, gracias.
- ¡No! Si me madre se da cuenta, ¡definitivamente estaría en un problema!
- Estoy en el equipo de _____ , y no quiero arriesgarme. Realizan pruebas de drogas en mi escuela. Podrían descubrirme y expulsarme del equipo.
- No, no sé lo que esa pastilla podría hacerme.
- No, esa cosa puede matarte. ¡Olvídalo!
- No, mejor vayamos (al centro comercial, a mi casa a ver una película, a andar en patineta, a jugar videojuegos, etc.).
- Es una locura. Me voy de aquí.
- Me voy a _____. Puedes venir si quieres.
- Un amigo mío se metió en eso y realmente fue horrible.
- No, verdaderamente no me gusta cómo hace actuar a las personas.

Estas solo son algunas sugerencias del tipo de cosas que puedes decir. Pero si tú no hablas así, debes decirlo a tu manera.

Una fiesta mejor

A veces, es difícil para las personas rechazar las drogas porque creen que las necesitan para pasarla bien. Pero eso no es verdad. Cuando las personas consumen drogas, no son realmente ellas. Por eso, no pueden disfrutar verdaderamente de lo que están haciendo. Afortunadamente, todo lo que se necesita para "divertirse" es pasar un buen momento con amigos. Y los mejores amigos son aquellos que no te presionan para que consumas drogas.

La vida es una aventura. El futuro nos depara sorpresas divertidas. También pueden presentarse desafíos en el futuro. Los problemas de la escuela o del hogar pueden ser desagradables. Pero los buenos amigos hacen que sean más fáciles. Y el hecho de estar saludable también los hace más fáciles. Practicar deportes, hacer arte, escribir o pasar tiempo al aire libre son buenas maneras de desahogarse. Y todas estas actividades son más fáciles de disfrutar cuando estás **sobrio.**

¡DE FIESTA!

¿De qué otras maneras podrías hacer que una fiesta sea divertida? ¿Qué otro tipo de cosas te gusta hacer con tus amigos?

¡MÁS EN PROFUNDIDAD!

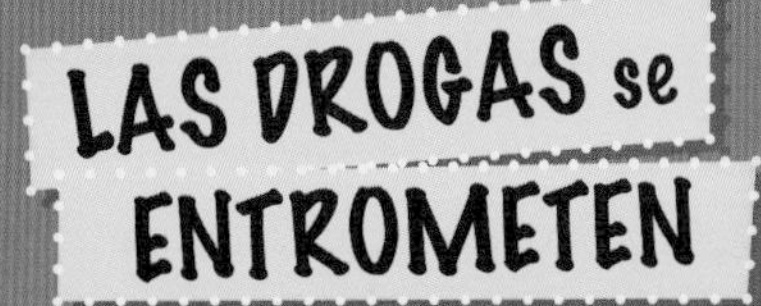

A veces, las personas consumen drogas y alcohol porque piensan que las ayudarán a relajarse o a liberar sus mentes de preocupaciones. La verdad es que cuando las buenas sensaciones desaparecen, las drogas hacen que nuestras vidas sean más estresantes. Existen muchas maneras más fáciles y seguras de relajarse y divertirse. Y siempre hay algo nuevo que intentar.

Si quieres relajarte,

intenta hacer yoga, escuchar música o conversar con un amigo.

Si quieres desafiarte a ti mismo,

toma una clase avanzada de tu asignatura favorita. O, ¡intenta correr una carrera!

Si quieres expresarte,

dibuja un libro de historietas o escribe una historia acerca de tu vida.

ASUME el DESAFÍO

En el sitio web abovetheinfluence.com, diferentes niños de todo el país comparten formas de disfrutar sus fines de semana sin desperdiciarlos con drogas. Fíjate si se te ocurren maneras de disfrutar un fin de semana "sin desperdicios".

Riesgos para los demás

Uno de los mayores problemas con las drogas y el alcohol es que no solo dañan a la persona que los consume. Cuando las personas están bajo los efectos de las drogas, pueden reaccionar de modo imprudente. Pueden tomar decisiones que dañan a las personas a su alrededor. Pueden intentar conducir. Conducir bajo la influencia de las drogas o del alcohol es una mala decisión. Representa un peligro para el conductor y para otras personas. Las drogas y el alcohol pueden hacer que la gente haga cosas que generalmente no haría. Incluso pueden robar o volverse violentas.

Obtener ayuda

Si crees que tú o alguien que conoces tiene un problema con el alcohol o con otras drogas, necesitas obtener ayuda. Lo mejor es hablar con un adulto con el que tengas confianza. Podría ser tu mamá o tu papá, otro miembro de la familia, un consejero escolar o alguien de la iglesia. Un adulto puede encontrar el tipo de ayuda indicado para ti.

CONSECUENCIAS

Además del peligro para tu salud, las drogas y el alcohol pueden provocar muchas otras consecuencias negativas:

- Expulsión de la escuela
- Multas importantes
- Tiempo en prisión/cárcel de menores
- Retiro o suspensión de la licencia de conducir
- Pérdida del vehículo
- Menos posibilidades de trabajo

ESTADÍSTICAS MORTALES

Los accidentes automovilísticos son la principal causa de muerte entre los jóvenes de entre 15 y 20 años. Cada año, aproximadamente 2,000 personas menores de 21 años mueren en accidentes automovilísticos relacionados con la bebida a edades no permitidas.

Las personas que son adictas al alcohol o a otras drogas necesitan ayuda. Si obtienen ayuda, pueden

Qué recordar

Es normal sentir curiosidad por las drogas. Este libro es una manera de obtener algunas de las respuestas. Pero existen muchas otras. Los adultos en los cuales confías son la mejor opción. Pueden ayudarte a encontrar las respuestas a cualquier duda que tengas.

Siempre pueden existir presiones para beber o probar drogas. Pero cuando conoces los riesgos, puedes tomar decisiones inteligentes. Puedes decidir qué es importante en tu vida. Tú tienes el poder.

Glosario

abusan: consumen una droga de una manera que no es segura ni fue recomendada por un médico

adicción: una necesidad poderosa y nociva de consumir algo con regularidad

adictas: personas que no pueden dejar de consumir drogas o alcohol

alcohólicos: personas adictas al alcohol

alucinógenos: sustancias que te hacen experimentar algo que no es real, como soñar despierto

automedicación: el proceso de intentar aliviar dolor o síntomas sin consultar a un médico

cocaína: una droga poderosa

depresivo: una droga que disminuye la actividad del cerebro y del sistema nervioso

desmayarse: perder el conocimiento o la lucidez mental

dosis: una cantidad determinada de un medicamento que debe consumirse en un horario

drogas ilegales: aquellas que las leyes no permiten consumir ni vender

estimulante: una droga que aumenta la frecuencia cardíaca y hace que la gente sienta como si tuviera más energía

fermentan: convierten azúcares en alcohol
heroína: una droga hecha de la morfina
interactúan: cuando una sustancia cambia la manera en que otra sustancia actúa
Ley Seca: el período de tiempo entre 1920 y 1933 en Estados Unidos, cuando el alcohol era ilegal
narcóticos: drogas que calman el dolor y hacen que las personas se sientan adormecidas
proceso de abandono: los síntomas que siente la gente cuando intenta dejar de consumir una sustancia a la que es adicta
receta: una nota del médico que describe qué medicamento y qué cantidad tomar
rehabilitación: un programa que ayuda a alguien a superar un problema o a recuperar la salud
sistema nervioso: el sistema que envía señales entre el cerebro y el cuerpo
sobredosis: consumir demasiada cantidad de una droga que es nociva
sobrio: no estar borracho ni bajo la influencia de drogas
tolerancia: la capacidad de adaptarse a una droga, de manera que los efectos se experimentan de forma más leve

Índice

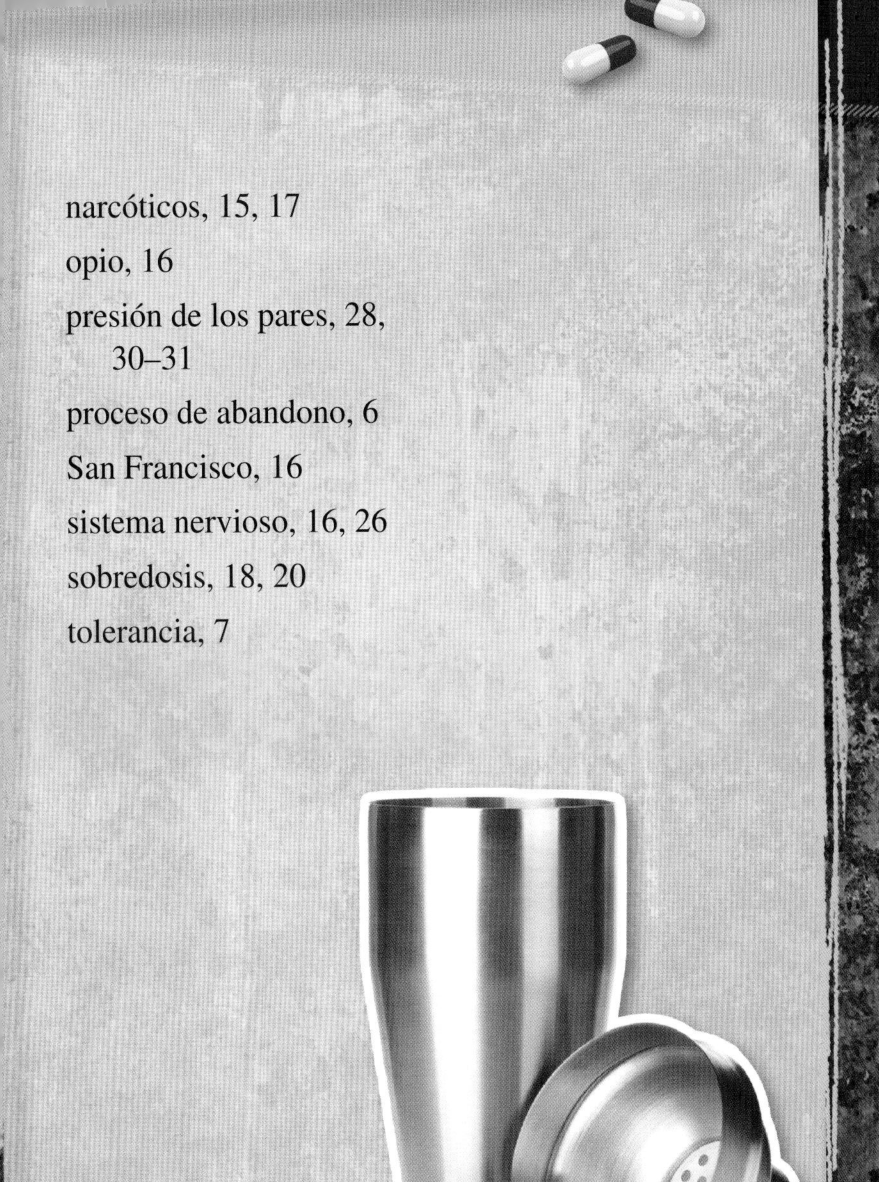

Bibliografía

Jankowski, Connie. *Investigating the Human Body: Life Science (Science Readers)*. Teacher Created Materials Publishing, 2008.

Descubre más acerca de cómo los sistemas del cuerpo trabajan juntos y por qué debes mantener tu cuerpo saludable.

Klosterman, Lorrie. *The Facts about Drugs and the Body*. Benchmark Books, 2007.

Este libro analiza los efectos que tienen diferentes drogas en diferentes partes del cuerpo.

Macaulay, David. *The Way We Work*. Houghton Mifflin Books, 2008.

Este libro ofrece una mirada detallada y original acerca de la forma en la que funcionan nuestros pulmones y nuestro corazón. Descubre exactamente qué órganos se dañan por el consumo de drogas y de qué manera sucede.

MacGregor, Cynthia. *Think for Yourself: A Kid's Guide to Solving Life's Dilemmas and Other Sticky Problems*. Lobster Press, 2008.

Este libro es una recopilación de pasajes breves que te servirán como guía para resolver los dilemas de la vida.

Sommers, Annie Leah. *College Athletics: Steroids and Supplement Abuse (Disgraced! The Dirty History of Performance-Enhancing Drugs in Sports)*. Rosen Publishing Group, 2009.

Este libro abarca las prácticas corruptas y el consumo de drogas en atletas universitarios, y los efectos del consumo de drogas ilegales.

Mas para explorar

Abovetheinfluence.com

http://www.abovetheinfluence.com

Únete a niños como tú y vive por encima de las influencias de las drogas y el alcohol. Aquí, conocerás acontecimientos relacionados con drogas, el motivo por el que la gente las consume, cómo ayudar a un amigo que puede estar consumiendo drogas o alcohol y más.

The Cool Spot

http://www.thecoolspot.gov

Conoce los peligros del alcohol y formas de resistir la presión de los pares.

PBS Kids: It's My Life

http://www.pbskids.org/itsmylife/body

A la izquierda, haz clic en *Offline Activities* para accesar a las páginas de un diario, modos de iniciar una conversación y una lista de libros. En el medio, debajo de *More Topics*, selecciona *Drug Abuse* para accesar a información sobre diferentes drogas, rumores y mitos, cómo hacer la diferencia y más.

KidsHealth

http://www.kidshealth.org

Este sitio web tiene secciones diferentes para padres, niños, adolescentes y educadores. Películas, juegos, recetas y diccionarios médicos abarcan diferentes temas relacionados con el cuerpo. En la barra de búsqueda, escribe *drugs* para obtener más opciones relacionadas con el tema.

Neuroscience For Kids: Alcohol

http://faculty.washington.edu/chudler/alco.html

Este sitio web posee gráficos y listas que muestran los efectos del alcohol en las diferentes partes y sistemas del cuerpo. Descubre qué les sucede a los niños que se ven sometidos al alcohol antes de nacer.

Acerca de la autora

Stephanie Paris es una californiana de séptima generación. Se graduó como licenciada en Psicología en la Universidad de California, Santa Cruz, y obtuvo su licencia como docente de varias materias en la Universidad Estatal de California, San José. Ha sido docente de aula de la escuela primaria, docente de computación y tecnología de la escuela primaria, madre que imparte educación en el hogar, activista educativa, autora educativa, diseñadora web, *blogger* y líder de las *Girl Scouts*. La Sra. Paris lleva una vida sana y libre de drogas en Alemania.